Couture créative

Sylvie Blondeau

Objets-couture pour Bébé

Plus de 30 rangements et accessoires pour le bien-être des tout-petits

MANGO PRATIQUE

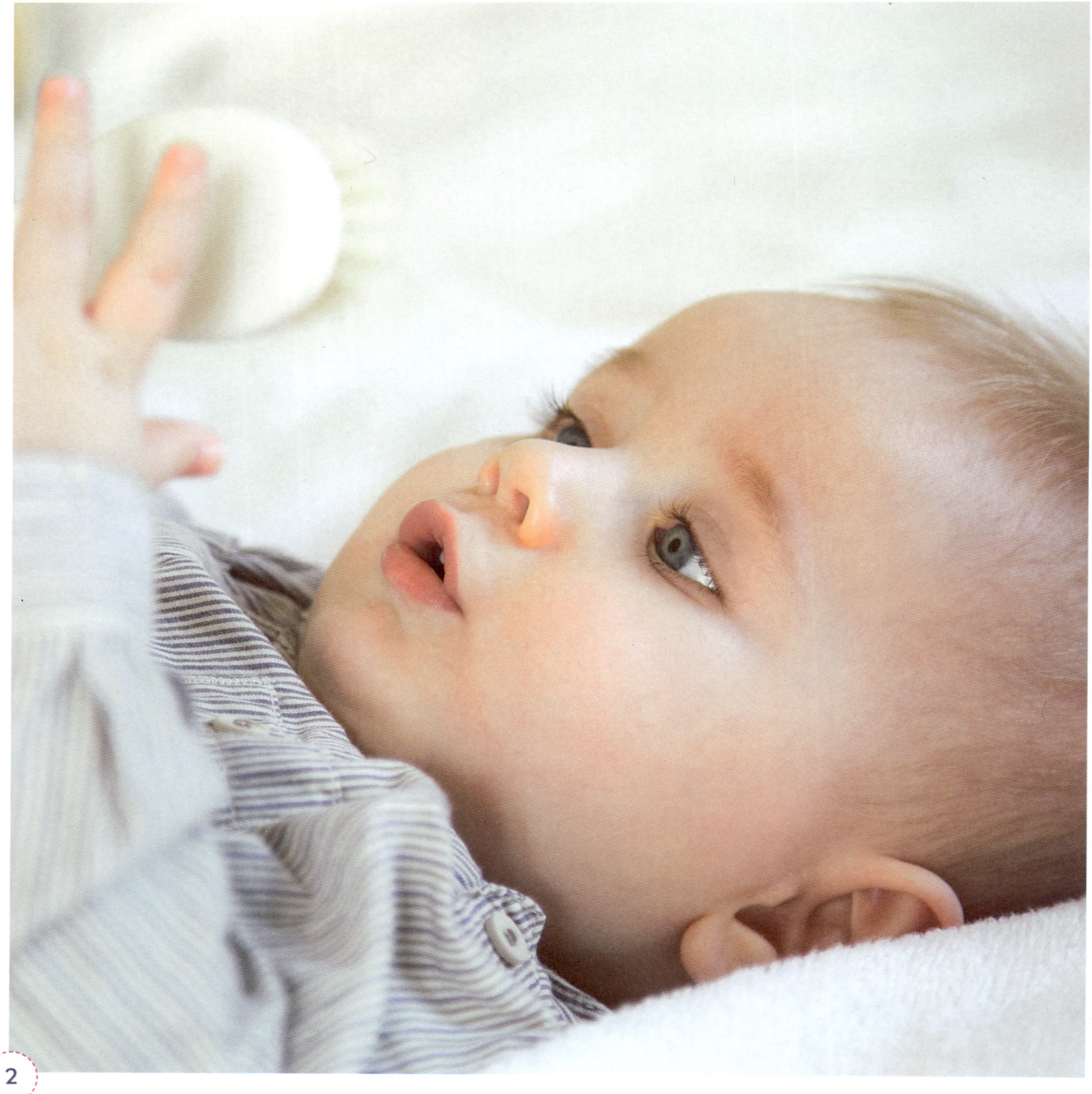

sommaire

Naissance page 4
Valisette explications page 10
Bonnet explications page 13
Chaussons explications page 14
Gilet réversible explications page 16

La toilette page 18
Housse pour table à langer
et serviette assortie explications page 24
Cape de bain explications page 27
Panier explications page 28
Trousse à lingettes explications page 30

Bon appétit page 32
Housse de biberon explications page 38
Coussin cale-bébé explications page 40
Sac « dînette » explications page 42
Bavoir classique explications page 45
Bavoir boutonné doublé explications page 46
Bavoir boutonné plastifié explications page 47
Bavoir-tablier explications page 48

Fais dodo… page 50
Gigoteuse explications page 56
Tour de lit explications page 58
Vide-poches explications page 60
Doudou explications page 62

On sort ! page 64
Nid d'ange pour cosy explications page 70
Coussin-plaid explications page 72
Sac à langer explications page 74
Housse de biberon explications page 77

Garde-robe chic page 78
Chapeau de soleil explications page 82
Chapka explications page 84
Chemise explications page 86
Pantalon doublé explications page 88
Bas estivaux explications page 90

Techniques et conseils page 92

Niveau de difficulté

Les explications de chaque réalisation sont accompagnées d'une indication, pour vous aider à choisir selon votre niveau ou le temps dont vous disposez.

★ ☆ ☆ *Facile*
★ ★ ☆ *Intermédiaire*
★ ★ ★ *Bon niveau*

Naissance

Explications de la valisette page 10

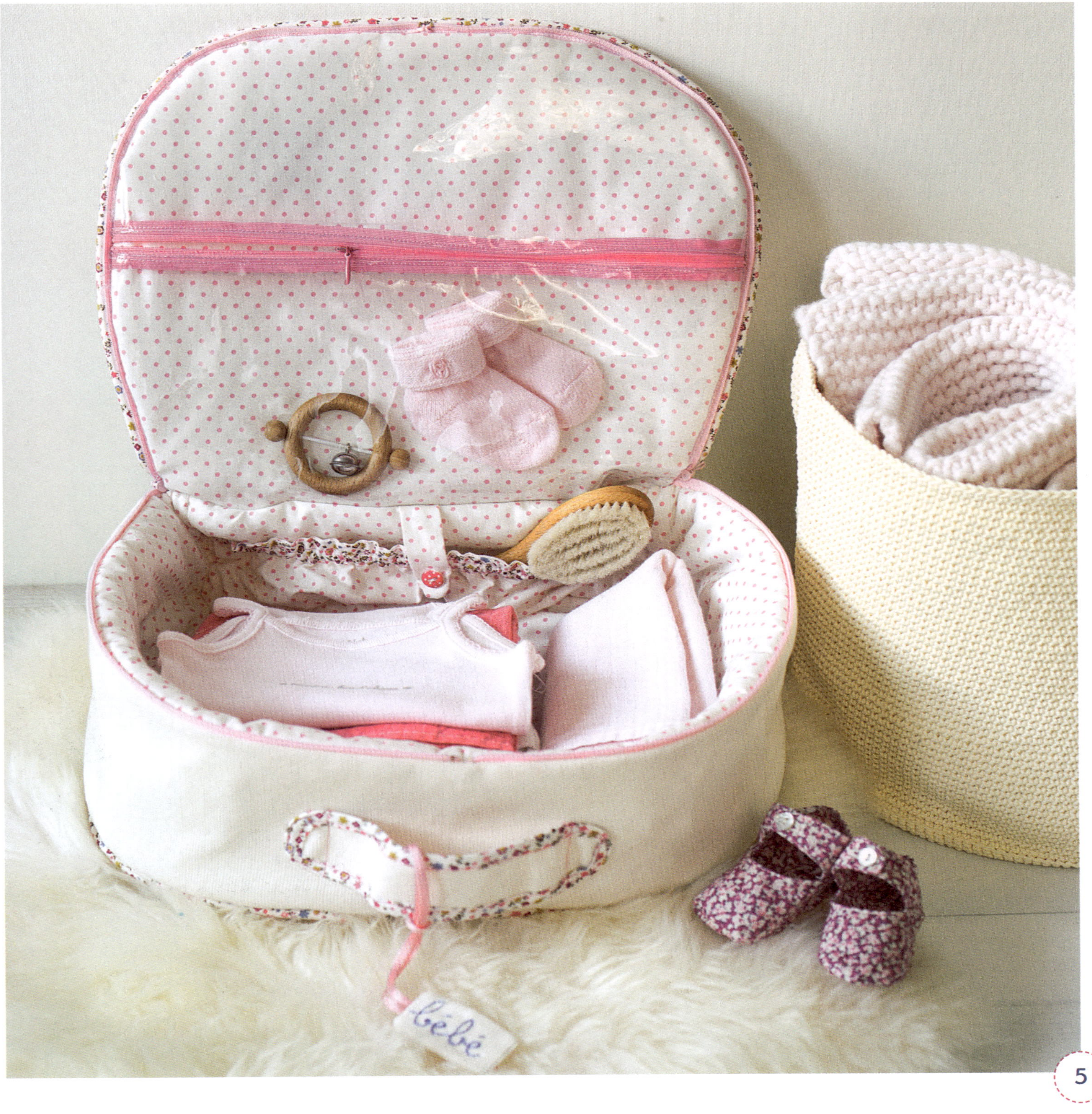
bébé

Explications du gilet réversible page 16

Explications des chaussons réversibles en jersey page 14 et du bonnet page 13

Explications du gilet réversible page 16

Explications des chaussons à revers ouvert page 15

Valisette ★★★

Fournitures

Le patron des pièces A et les dessins des broderies se trouvent sur la feuille détachable 1, recto.

- 88 x 60 cm de velours milleraies, de toile thermocollante épaisse et de molleton

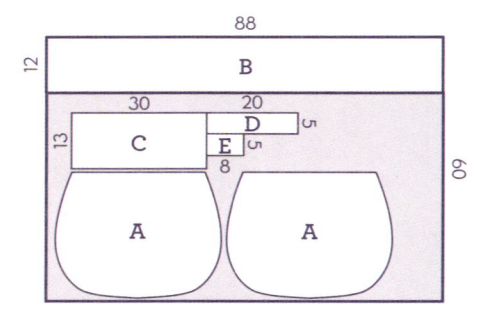

Il n'est pas nécessaire de couper E dans la toile thermocollante, et D et E dans le molleton. Pour plus de facilité, vous pouvez broder l'étiquette avant de couper la pièce E à la bonne dimension.

- 88 x 60 cm de cotonnade pour la doublure

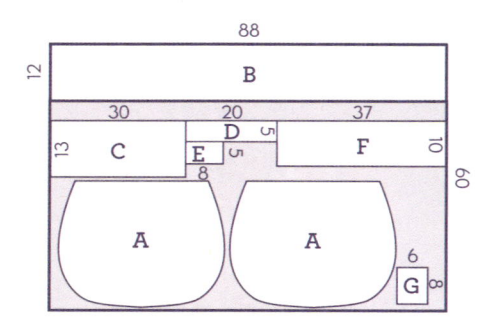

- 40 x 35 cm de nappe en plastique transparent

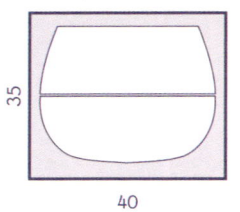

- Fermetures à glissière : 1 de 40 cm et 2 de 45 cm

- 35 cm d'élastique en 0,5 cm de largeur

- 1,80 m de passepoil (uni ou à motifs)

- 70 cm de biais

- Fils assortis aux tissus

- Fil Mouliné à broder : rose, mauve, bleu, lilas (ou autres coloris selon les tissus choisis)

- 1 bouton-pression et 1 bouton

- Épingle de nourrice

Les deux fermetures de 45 cm peuvent être remplacées par une seule fermeture de 90 cm. Les fermetures vendues au mètre dans certaines merceries sont souvent plus économiques.

1 Broderie

Avec deux ou trois brins de Mouliné, brodez le motif du dessus après l'avoir reporté sur une des pièces A en velours. Veillez à le placer dans le sens qui convient selon que vous envisagez d'utiliser la valisette plutôt posée à plat ou portée. Vous pouvez aussi opter pour un motif sans sens, par exemple, une frise de fleurs. Brodez « Bébé » ou « Baby » sur la pièce E en velours.

2 Préparation des pièces

Placez les pièces A, B, C de doublure sur les pièces de molleton correspondantes. Assemblez-les en surfilant tout autour. Thermocollez toutes les pièces de velours, sauf l'étiquette.

3 Préparation de la tranche

Épinglez le passepoil sur un grand côté de la pièce B en velours, endroit contre endroit. Sur l'autre grand côté, de part et d'autre du centre, piquez un côté des deux fermetures à glissière de 45 cm, endroit contre endroit. Ouvrez la couture. Piquez un passepoil sur l'autre côté des fermetures, endroit contre endroit.

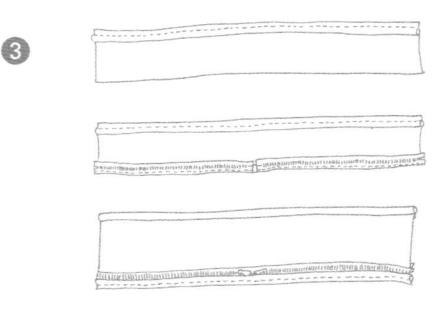

4 Poignée

Superposez les pièces D en velours et en doublure, envers contre envers. Arrondissez légèrement les angles. Posez un biais à cheval tout autour en le crantant dans les arrondis. Centrez et épinglez la poignée sur la tranche en lui donnant du volume.

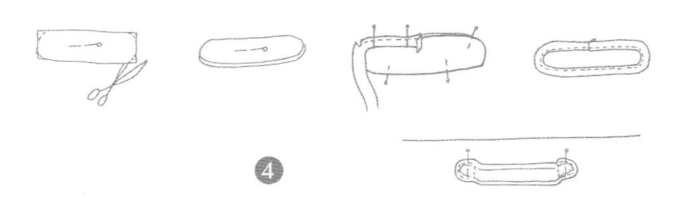

5 Assemblage de l'extérieur

Endroit contre endroit, en commençant et en arrêtant la couture à 1 cm de chaque extrémité, assemblez la pièce C entre les pièces A (a). Piquez la fermeture côté passepoilé tout autour de la pièce de dessus, endroit contre endroit, en laissant dépasser de 1 cm ou plus de chaque côté (b).

De la même façon, piquez le côté passepoilé de la tranche, endroit contre endroit, autour du dessous (c).

Piquez la tranche devant et dos par les petits côtés en prenant soin d'ouvrir la fermeture (d).

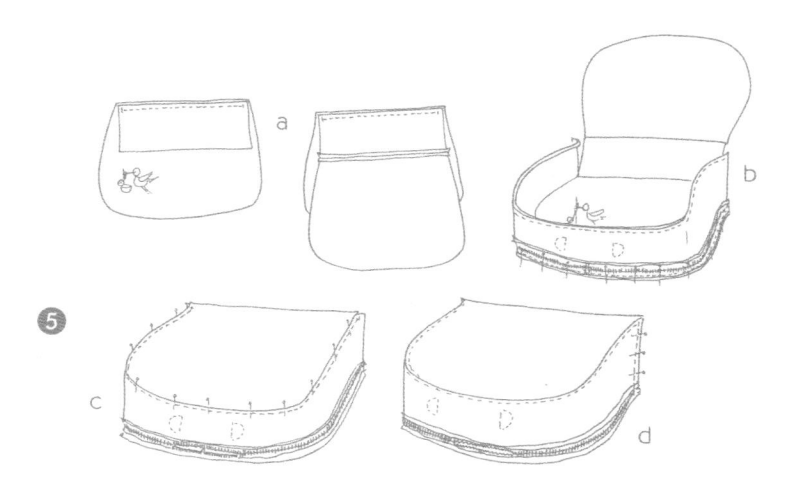

6 Préparation de la poche élastiquée

Pour former la coulisse, piquez du biais déplié sur le long côté de la pièce F, endroit du biais contre l'envers. Repliez le biais sur l'endroit. Surpiquez en bas à ras du repli. Faites une deuxième piqûre à 0,7 cm au-dessus. Glissez l'élastique entre ces deux piqûres.

Passez un fil de fronces à 0,5 mm du bas de la poche.

Pour la patte, pliez la pièce G en deux, endroit contre endroit, piquez le grand côté. Décalez la couture au centre et ouvrez-la. Piquez une extrémité en arrondissant les angles. Recoupez l'excédent de tissu. Retournez la patte.

Posez la poche sur la pièce C en doublure, envers contre endroit. Froncez et tirez l'élastique afin d'obtenir la même largeur. Épinglez les trois côtés. Épinglez la patte.

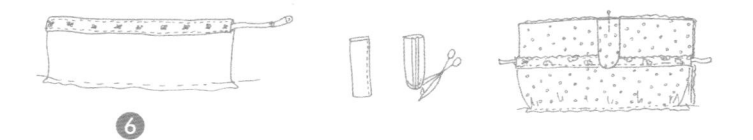

7 Préparation de la poche plastique

Endroit contre endroit, piquez la fermeture de 40 cm au bord de chaque pièce de plastique. Déployez l'assemblage et surpiquez sur l'endroit à 2 mm de chaque repli. Épinglez la poche sur la pièce molletonnée de dessus.

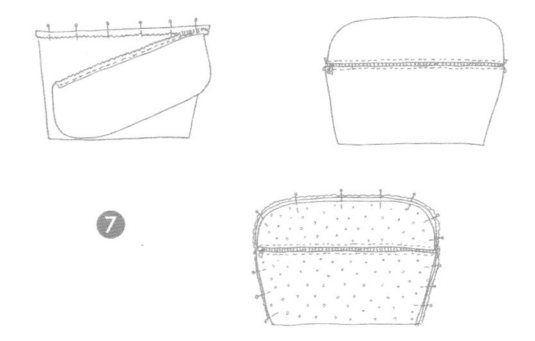

8 Assemblage de l'intérieur

À cette étape, toutes les coutures s'effectuent endroit contre endroit.

Piquez la pièce B entre les pièces A (a).

Assemblez un grand côté de la pièce B molletonnée à la pièce B déjà montée, sur la fermeture à glissière. Piquez en démarrant et en arrêtant la couture à 1 cm à chaque extrémité (b).

Assemblez le dessus intérieur sur le dessus de la valise. Piquez sur la piqûre existante (c).

Piquez la tranche devant et dos par les petits côtés (d). Piquez la tranche B autour du dessous en ménageant une ouverture de 10 cm sur le devant (e). Retournez. Fermez l'ouverture à la main.

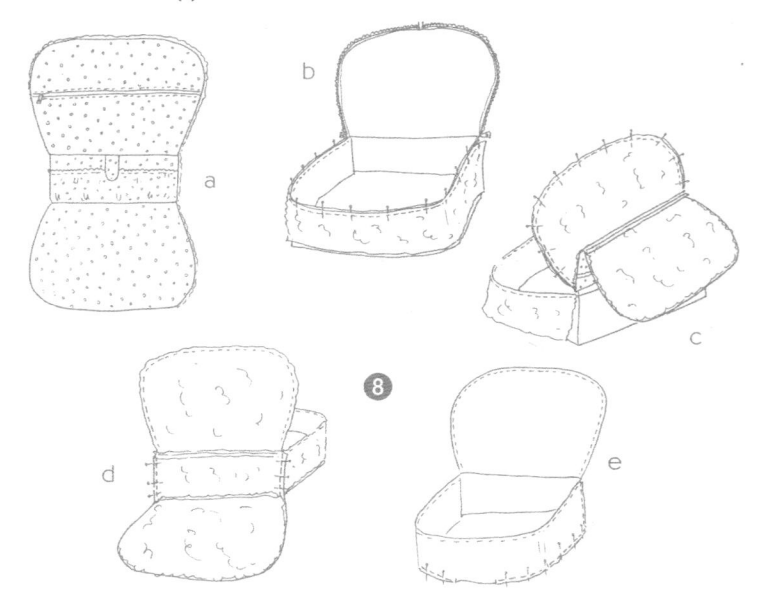

9 Étiquette et finitions

Sur l'endroit de la pièce E en doublure, posez le ruban plié en deux en alignant ses extrémités sur le côté droit et en le maintenant au centre par une épingle. Superposez la pièce E brodée. Piquez tout autour en ménageant une ouverture sur l'un des côtés. Retournez. Fermez l'ouverture à la main.

Cousez le bouton-pression pour maintenir la patte de la poche élastiquée. Cousez le bouton pour la décorer.

Bonnet ★ ☆ ☆

Fournitures

Taille unique 0-3 mois

Le patron des pièces A se trouve sur la feuille détachable 1, recto.

- 40 x 20 cm de jersey lilas et de jersey rose

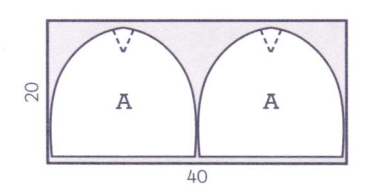

- 8 x 4 cm de polaire pour le pompon

- Fils assortis aux tissus

Pour coudre les tissus élastiques, équipez votre machine d'une aiguille à jersey.

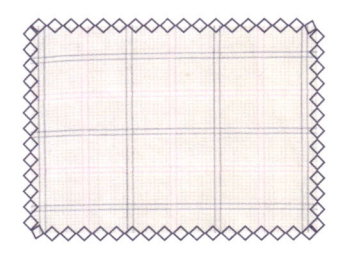

1 Préparation des pièces

Piquez les pinces des pièces A. Couchez-les, vers la droite pour l'un des tissus, vers la gauche pour l'autre.
Superposez les carrés B, endroit contre endroit. Piquez sur trois côtés en arrondissant légèrement les angles. Retournez.

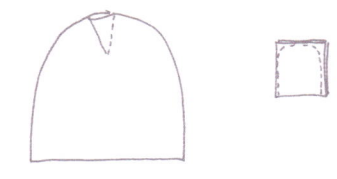

2 Assemblage de l'extérieur

Superposez les pièces extérieures, endroit contre endroit, en intercalant le pompon. Piquez l'arrondi. Retournez.

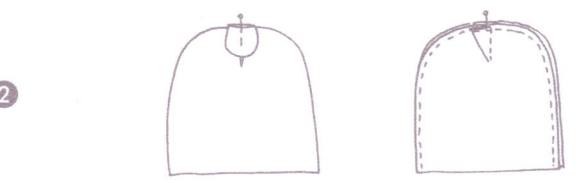

3 Assemblage de la doublure

Piquez les deux autres pièces en ménageant une ouverture sur un côté. Rentrez le bonnet dans sa doublure, endroit contre endroit. Épinglez et piquez le tour. Retournez. Fermez l'ouverture à la main.

Chaussons ★★★

Fournitures

Tailles 0-3 mois / 3-6 mois

Les patrons des pièces se trouvent sur la feuille détachable 1, recto.

- 80 x 12 cm de jersey lilas et de jersey rose ou de velours milleraies et de tissu pour chemises

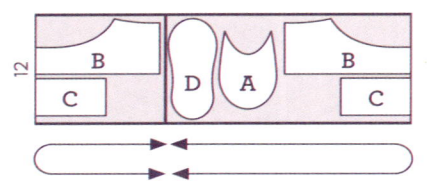

- Pour le modèle à revers ouvert : 9 cm de biais

- Fils assortis aux tissus

Pour coudre les tissus élastiques, équipez votre machine d'une aiguille à jersey

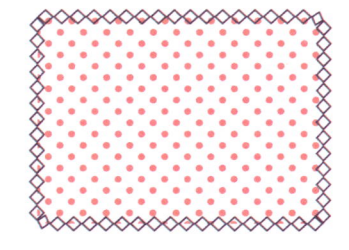

Chaussons réversibles en jersey

Ce modèle n'est réalisable qu'avec des tissus élastiques.

1 Assemblage du dessus de pied

Piquez les pièces A et B d'un des tissus, endroit contre endroit, en alignant leur axe central. Piquez C, endroit contre endroit. Pliez l'assemblage, endroit contre endroit, et fermez le dos.

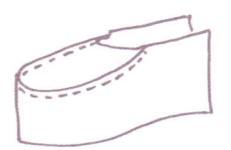

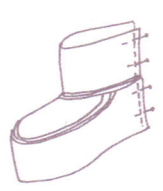

2 Assemblage de la semelle

Endroit contre endroit, assemblez la pièce D au dessus de pied en alignant leur axe central et en respectant l'arrondi. Piquez. Retournez.

3 Doublure

Répétez les opérations de montage avec les pièces du second tissu en laissant une ouverture de 4 cm sur le côté de la semelle. Glissez le chausson dans sa doublure, endroit contre endroit. Piquez le tour. Retournez. Fermez l'ouverture à la main.

Remarque : Pour trouver l'axe central d'une pièce, il suffit de la plier en deux.

Chaussons à revers ouvert

1 Préparation des étiquettes

Cousez le biais plié sur toute sa longueur. Coupez-le en deux. Pliez chaque morceau en deux.

2 Assemblage du dessus de pied

Procédez comme à l'étape 1 des chaussons réversibles en fermant le dos de la façon suivante : insérez l'étiquette 3 mm sous la couture du revers. Piquez en vous arrêtant à la couture.

3 Assemblage de la semelle

Procédez comme pour les chaussons réversibles.

4 Doublure

Répétez les opérations de montage avec les pièces du second tissu (sans étiquettes) en laissant une ouverture de 4 cm sur le côté de la semelle. Glissez le chausson dans sa doublure, endroit contre endroit. Piquez le haut et les petits côtés du revers jusqu'à la couture de montage. Retournez. Fermez l'ouverture à la main.

15

Gilet réversible ★★☆

Tailles 0-3 mois / 3-6 mois

Le patron se trouve sur la feuille détachable 1, recto.

- 42 x 22 cm / 46 x 23 cm de deux tissus : polaire ou velours et cotonnade
- 30 cm de ruban ou de biais
- Étiquette ou chute de tissu (facultatif)
- Fils assortis aux tissus

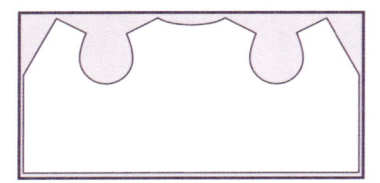

Fournitures

1 Préparation des pièces

Coupez le ruban en deux. Si vous utilisez du biais, repliez une des extrémités de chaque morceau, puis cousez le biais fermé sur toute sa longueur.

Si vous souhaitez coudre une petite étiquette au dos, faites un rentré autour d'un rectangle de tissu (ou d'un morceau de biais) et appliquez-le à 2 cm sous l'encolure.

Placez les rubans sur un des tissus, à mi-hauteur sur le bord rectiligne des devants. Posez le second tissu du gilet, endroit contre endroit, par-dessus. Épinglez les pièces.

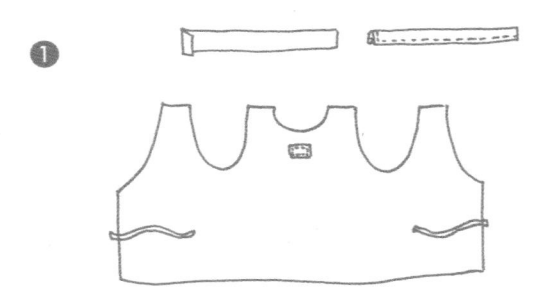

2 Assemblage

Piquez tout le tour à l'exception des épaules et en ménageant une ouverture de 8 cm au milieu du bas.

Recoupez au plus près de la couture le surplus de tissu autour de l'encolure et des emmanchures. Retournez.

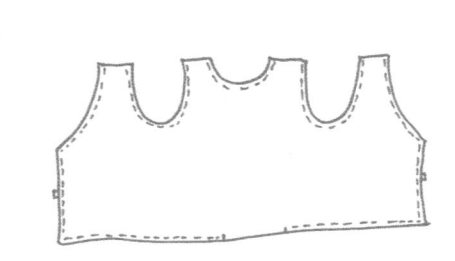

3 Montage des épaules

Repliez un des devants vers l'intérieur entre les deux épaisseurs du gilet de façon à rentrer les ouvertures des épaules l'une dans l'autre, endroit contre endroit.

Piquez l'épaule. Procédez de la même façon de l'autre côté.

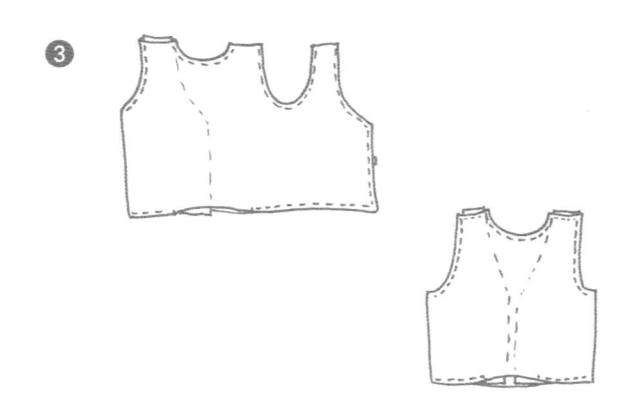

4 Finitions

Retournez le gilet sur l'endroit. Fermez l'ouverture à la main.

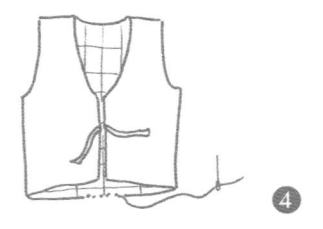

La toilette

Explications de la housse pour table à langer et de la serviette assortie page 24

19

Explications de la cape de bain page 27

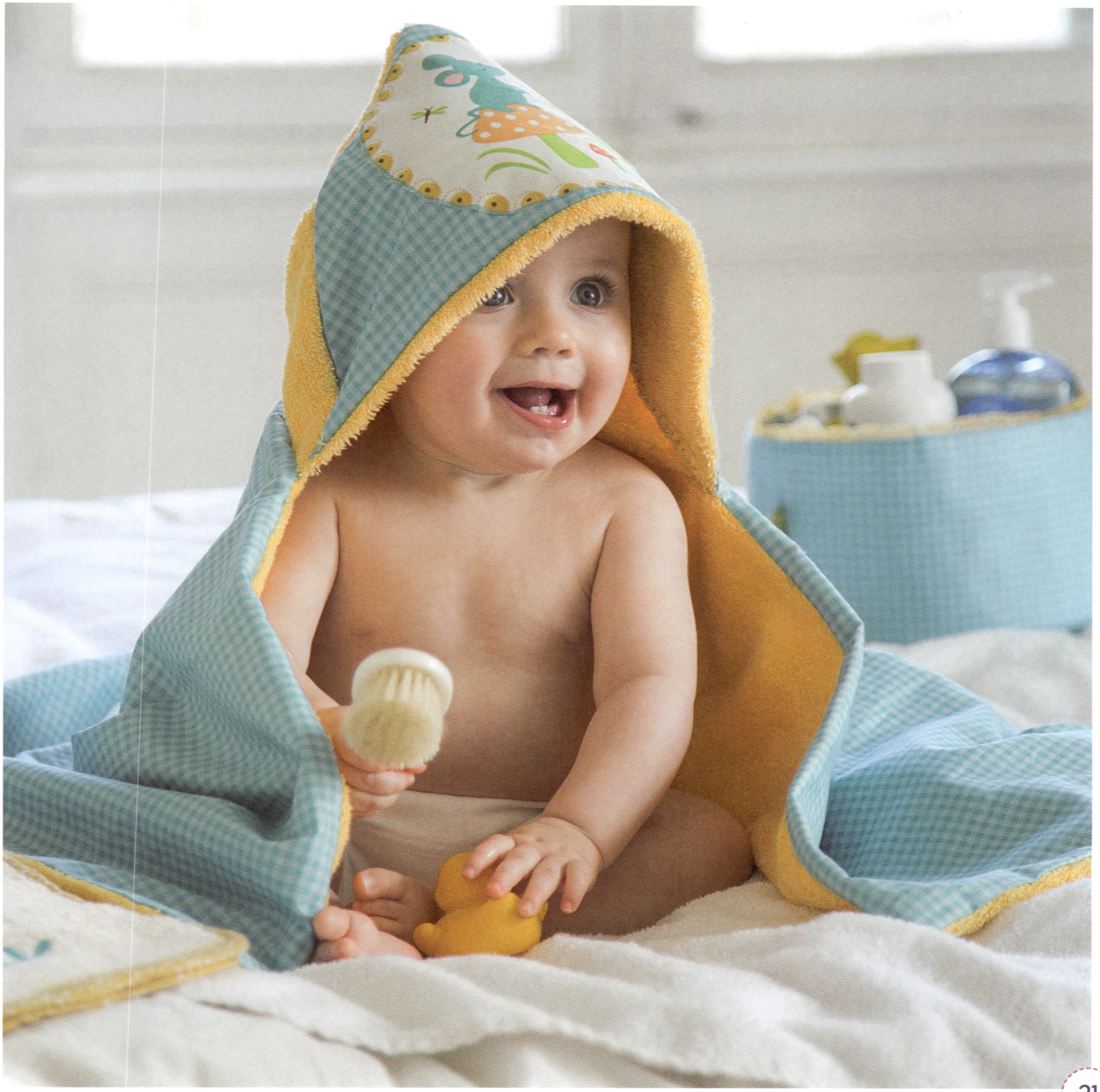

Explications de la trousse à lingettes page 30 et du panier page 28

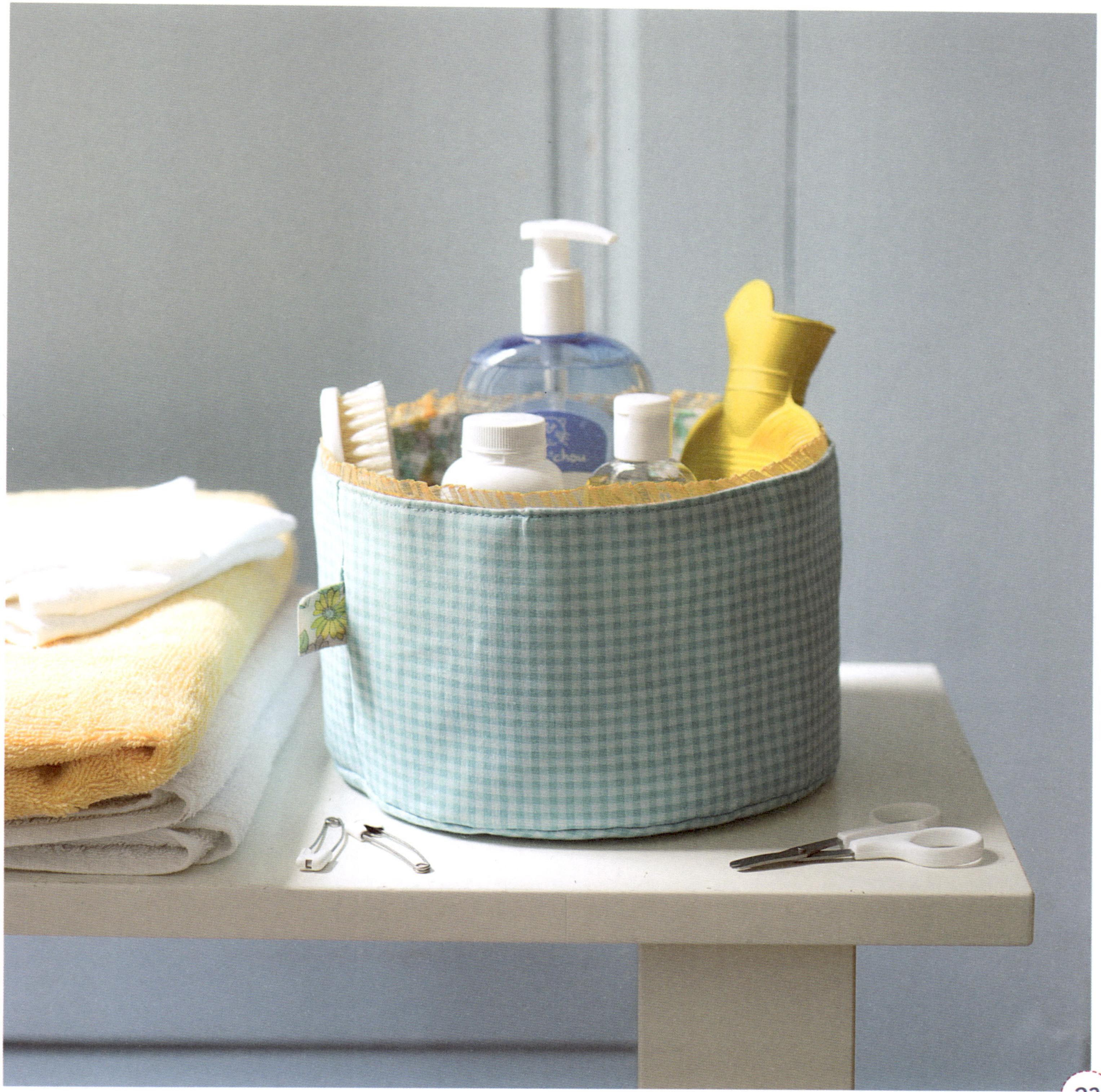

Housse pour table à langer et serviette assortie

★★☆

Fournitures

- 72 x 92 cm de tissu fleuri

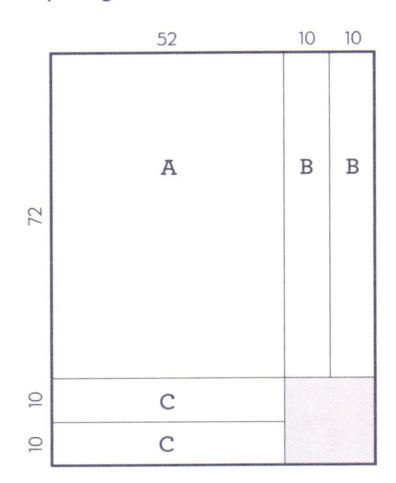

	52	10	10
72	A	B	B
10	C		
10	C		

- 96 x 53 cm de tissu à pois

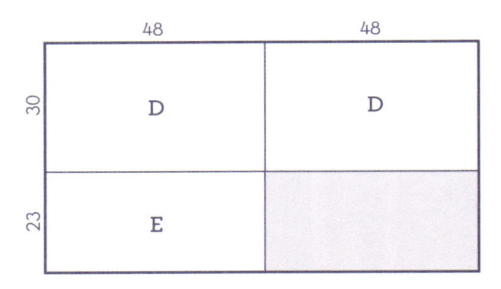

	48	48
30	D	D
23	E	

- 48 x 23 cm de tissu à étoiles

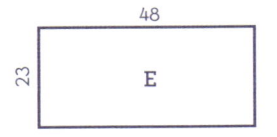

	48
23	E

- 90 x 48 cm de tissu éponge

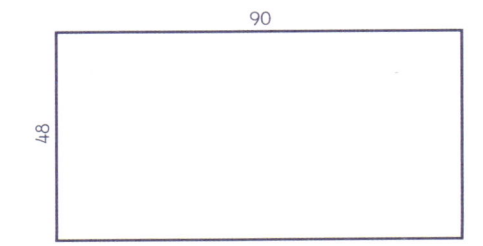

(90 x 48)

- Biais : 1,60 m pour le dos de la housse et 2,60 m pour la serviette
- 50 cm de ruban d'organza plissé (élastique ou non)
- 2 motifs au choix découpés dans du tissu
- Fils assortis aux tissus

1 Réalisation de la poche

Endroit contre endroit, piquez le ruban sur un grand côté de la pièce E prévue pour le devant de la poche. Appliquez un motif en veillant à le centrer sur la partie qui sera le premier compartiment. Endroit contre endroit, posez cette pièce sur la seconde pièce E. Piquez sur la piqûre précédente. Retournez.

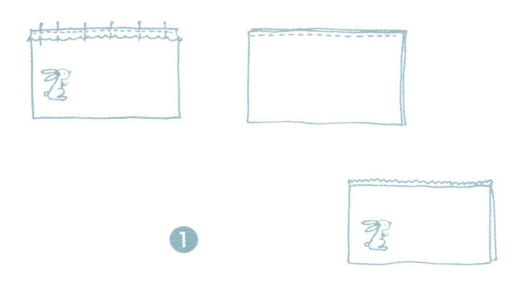

2 Montage du panneau avant

Placez la poche sur une des pièces D. Surpiquez les compartiments de haut en bas.
Superposez la seconde pièce D, endroit contre endroit. Piquez le bas et les deux côtés. Retournez.
Endroit contre endroit, épinglez le bord ouvert du panneau sur un des petits côtés de la pièce A (le dessus de la housse).

3 Préparation du dos de la housse

Endroit contre endroit, assemblez les bandes C sur les petits côtés du dessus de la housse. Piquez en démarrant et arrêtant la couture à 1 cm de chaque extrémité des bandes. Piquez les bandes B sur les grands côtés de la même façon.

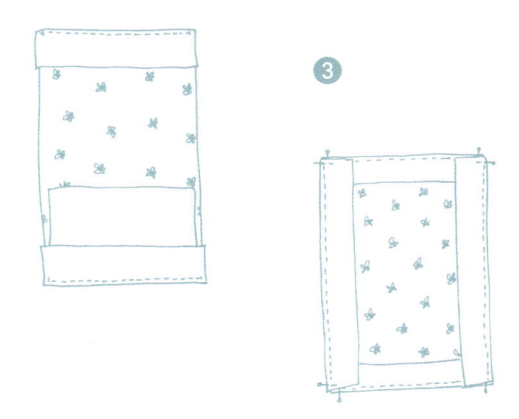

4 Couture des angles du dos de la housse

Superposez les extrémités des bandes, endroit contre endroit. Piquez à 45°. Coupez l'excédent. Surfilez les angles et les quatre côtés de la housse.

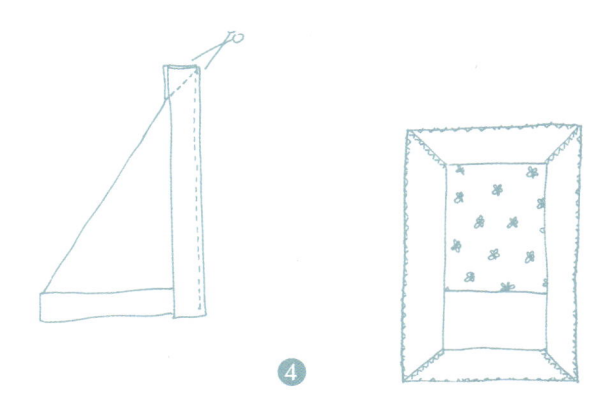

5 Finition du dos de la housse

Posez le biais tout autour du dos de la housse (endroit du biais contre l'envers des bandes). Piquez. Retournez la housse. Repliez le biais sur l'endroit et surpiquez-le.

6 Serviette en éponge

Arrondissez les angles en vous aidant d'un bol ou d'une petite assiette. Posez un biais à cheval tout autour. Appliquez un motif dans un angle.

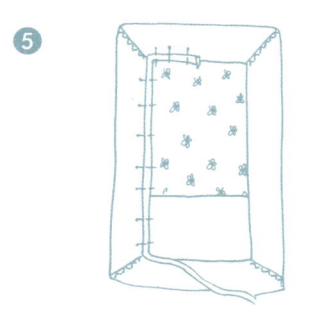

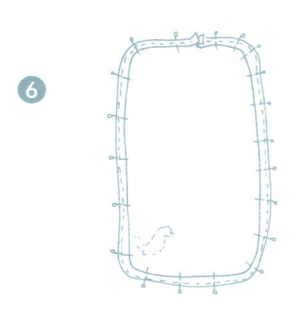

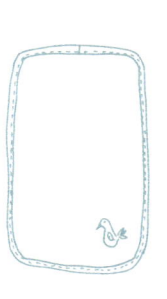

Cape de bain ★☆☆

Fournitures

- 110 x 60 cm de tissu éponge et de tissu vichy

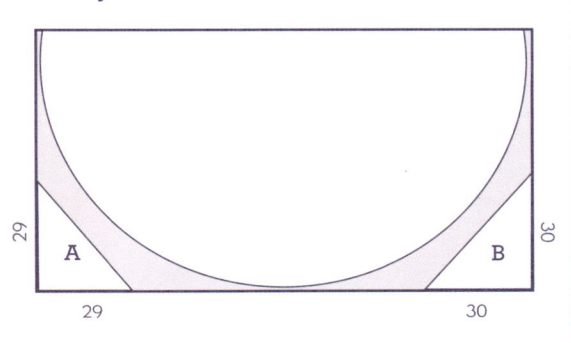

Coupez d'abord les pièces A dans chaque tissu, puis une pièce B uniquement dans le tissu éponge. Coupez une pièce C en pliant un des tissus en deux pour obtenir des arrondis identiques. Reportez cette pièce sur le second tissu.

- Un rond de 17 cm de diamètre environ coupé dans un tissu à médaillon ou à motifs

- Une chute de tissu à motifs de 5 x 4 cm environ pour l'étiquette (facultatif)

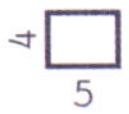

- Fils assortis aux tissus

1 Assemblage de la capuche

Appliquez le rond au centre de la pièce A en vichy. Superposez la pièce A en éponge, endroit contre endroit. Piquez le bas du triangle. Retournez.
Superposez l'assemblage sur la pièce B, endroit contre endroit. Piquez les deux côtés et surfilez. Retournez la capuche.

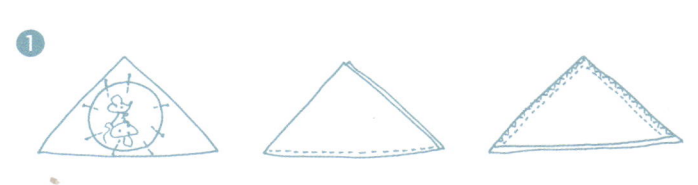

2 Préparation de la cape

Faites un petit rentré autour de l'étiquette. Piquez-la sur la pièce C en vichy à 2,5 cm du grand côté et en la centrant dans la largeur. Épinglez le bas du dos de la capuche au milieu du grand côté. Piquez.

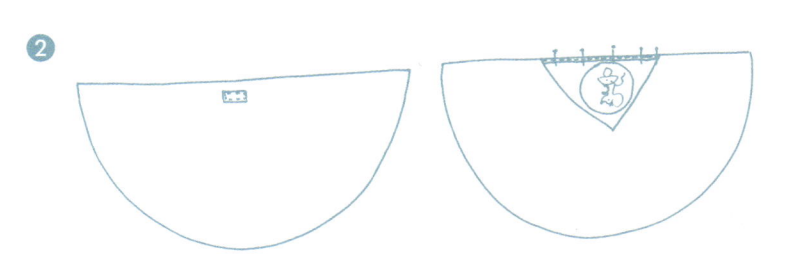

3 Assemblage de la cape

Superposez la pièce C en éponge, endroit contre endroit. Piquez tout le tour en ménageant une ouverture au niveau de la capuche et en veillant à ne pas piquer le devant de celle-ci. Retournez. Fermez l'ouverture à la main.

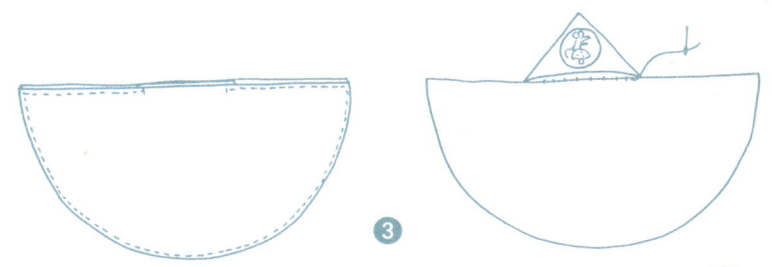

Panier ★★☆

Fournitures

- Un rond de 19 cm de diamètre environ coupé dans un tissu à médaillon ou à motifs (voir étape 1)

  ø 19 cm

- 68 x 40 cm de tissu vichy et de toile thermocollante

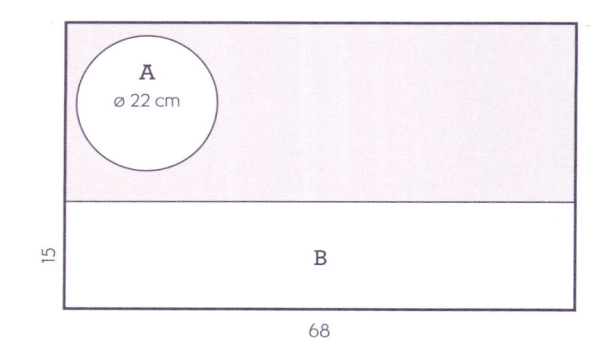

  A ø 22 cm
  B
  15 / 68

- 80 x 60 cm de tissu fleuri

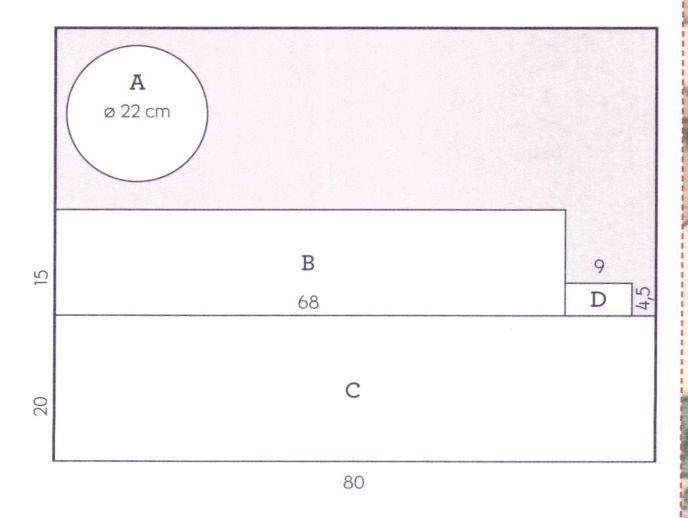

  A ø 22 cm
  B 68 / 15
  D 9 / 4,5
  C 80 / 20

- 60 cm de ruban fin
- 1,40 m de ruban d'organza élastique
- Fils assortis aux tissus
- 4 boutons-pressions en plastique transparent

28